このワークの つかいかた

① 1にちぶんずつ やろう。

② 1にちぶんが おわったら おうちの ひとに まるつけして もらおう。

③ まるつけして もらったら にゅうがく わくわく カレンダーの まるを ぬろう。

にゅうがく わくわく カレンダー

ワークが 1にちぶん おわったら すうじの まるを ぬろう。

がっこう めざして しゅっぱつだ！

スタート

① ② ③

④ ⑤ ⑥

⑦ ⑧ ⑨

⑪ ⑫ ⑬

⑭ ⑮ ⑯

⑰ ⑱ ⑲

㉑ ㉒ ㉓

㉔ ㉕ ㉖

㉗

10にちめの まとめテストが できたら まるを かこう！

20にちめの まとめテストが できたら まるを かこう！

28にちめの まとめテストが できたら まるを かこう！

ばっちり テストが おわったら

ゴールは うらめんだよ。

これで ゆめまで いっちょくせん！！

このワークを □ がつ □ にちまでに おわらせるよ。

このワークを 1にちぶんずつ ここここ やるよ。

はりきー

JN085742

シール

おうちのかたへ

ワークが終わりましたら おこさまの名前と 日付を 書いてあげてください。

できたことを ほめてあげて ください。

ただしい しせいと ただしい えんぴつの もちかたの コツ

おうちのかたへ

正しい姿勢や鉛筆の持ち方は、無理なくきれいな字を書くための基本です。ここでは、右利きの場合の姿勢を掲載しています。左利きの場合は左右逆になります。おうちのかたも、いっしょにご指導をお願いいたします。

【ひらがなの字形指導について】
「チャレンジ1年生」では文部科学省検定済のすべての教科書を参考にしながら、最も標準的な字形指導を行っております。しかしながら、字形(とめ・はね・はらい)に絶対的な決まりがないため、教科書や指導される先生によって異なることがあります。その場合、お使いの教科書・先生のご指導を優先していただきますようにお願いいたします。「チャレンジ1年生」の字形指導は参考としていただき、お使いの教科書は…

ワークに とりくむまえの じゅんびを しよう!

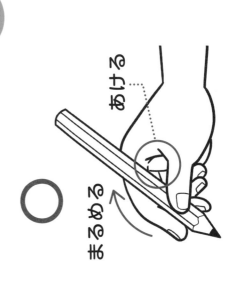

ここ ただしい しせい 4つの

1 せすじは ぴんと のばす

2 おなかと つくえの あいだは にぎりこぶし 1つぶん

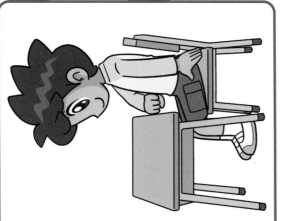

3 かたほうの ては ノートを おさえる

4 あしは ゆかに つける

ここ ただしい えんぴつの もちかた

○ あける / まるめる / ゆるめる

よくある まちがい

× おやゆびが ひとさしゆびの うえに のる

× ひとさしゆびが とがる

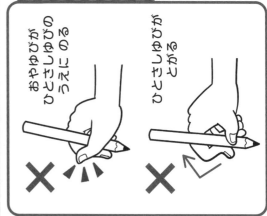

ワークを すすめるときに たいせつな ５つを チェック

ぜんぶ できたら □に ○を かいて すすめよう。

スタート

① ワークは １にちぶん ずつ やる。 ○をかこう
ためこまないで まいにちは つづけてね。

② おわったら、おうちの ひとに まるつけて もらう。 ○をかこう
まるつけ して！

③ くらきよりに つくえと といすを じぶんで あわせます。 ○をかこう
えんぴつを つかおう。
よく きえる けしゴムも わすれないでね。

④ ただしい えんぴつを もつ。 ○をかこう
せすじを ぴんと のばしてね。
あしは ゆかに つけるんだ。

⑤ ただしい しせいで ワークを やる。 ○をかこう
わかほうこのように ワークを かく おさえちゃうね！

ゴール
すごいー！ まいにちつづけを はじめよう。

ことばを つくろう

がつ　　にち

おうちのかたへ（こたえは64ページ）

りえせを りえに だして よみましょう。
りえばに あう シールを、○に はりましょう。

わかる！

べんきょう
した ひ

がつ　　　　にち

えの かずだけ ○を ぬろう①

おうちのかたへ　こたえは65ページ
カンがえるのコメントをヒントとして，ものの数量がいくつあるかを●で表し，「数の大きさをとらえる感覚」を育てます。

よんで スタート

◆ えと おなじ かずだけ ○を ぬりましょう。

えんぴつの かずだけ ぬるよ。

えんぴつ

けしゴム

 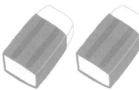

やりかた

ランドセル

ノート

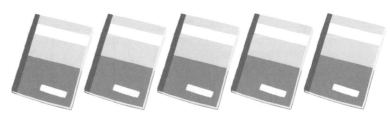

もっと やって みよう！
おうちに ある
はブラシの かずだけ ○を ぬろう！

おうちの ひとに まるつけを して もらおう

カレンダーの まるを ぬろう！
おわり！

4

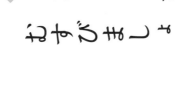

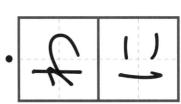

レッスン②

にちめ

できた！

できるように なった ことを よう

おうちのかた（こたえは 64ページ）

二つの文字を入れかえると ことばが変化するというひらがなの楽しさにふれられます。

ことばが かわって つくりの ことばに なった！

◆ ひっくりかえった ことばを、せ—ん で むすびましょう。

 | さ く ●━━━━━━━━━●（ひっくり） | ● わ に

| さ か ● | ● く さ

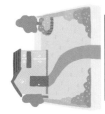 | に わ ● | ● か さ

 | み せ ● | ● す な

 | な す ● | ● せ み

おうちの ひとに まるつけを して もらおう

ページ できたら はろう

5

できる!

べんきょう
した ひ

がつ　　　　にち

えの　かずだけ　○を　ぬろう②

おうちのかたへ　こたえは65ページ

メロンやケーキなどの数に対応する○をぬりつぶすことで、1〜5までの数の大きさを正しくとらえる練習をします。

◆　えと　おなじ　かずだけ　○を
ぬりましょう。

(1) フォーク
○ ○ ○ ○ ○

(2) メロン
○ ○ ○ ○ ○

(3) パン
○ ○ ○ ○ ○

(4) ケーキ
○ ○ ○ ○ ○

(5) スプーン
○ ○ ○ ○ ○

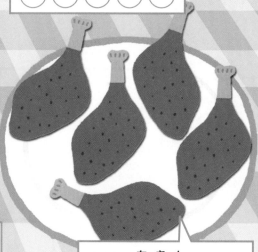

(6) ドーナツ
○ ○ ○ ○ ○

(7) ジュース
○ ○ ○ ○ ○

(8) チキン
○ ○ ○ ○ ○

おうちの ひとに
まるつけを
して もらおう

いちにち ぶん
おわり!

カレンダーの
まるを ぬろう!

じゅん 3 にちめ

2まいめ！ くんれんち たし

が　　　にち

おなじ なまえを よもう

おうちのかた（こたえは64ページ）

同音異義語（発音が同じで意味の違う言葉）の学習をしています。

◆ なまえを よんで、おなじ なまえの えと せんで むすびましょう。

おなじ ことばなのに おもしろいね！

なまえ	え	え

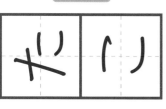 

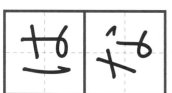  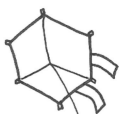

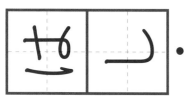  

できたら えに いろを ぬろう。

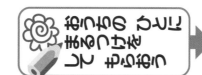

おうちの ひとに まるつけを して もらおう

がんばったね シール！

7

おなじ かずは どれかな？①

おうちのかたへ こたえは65ページ

与えられた絵の数と●の数を数え，同じ数のものを対応させる練習をします。

◆ おなじ かずの ものを，●——● で むすびましょう。

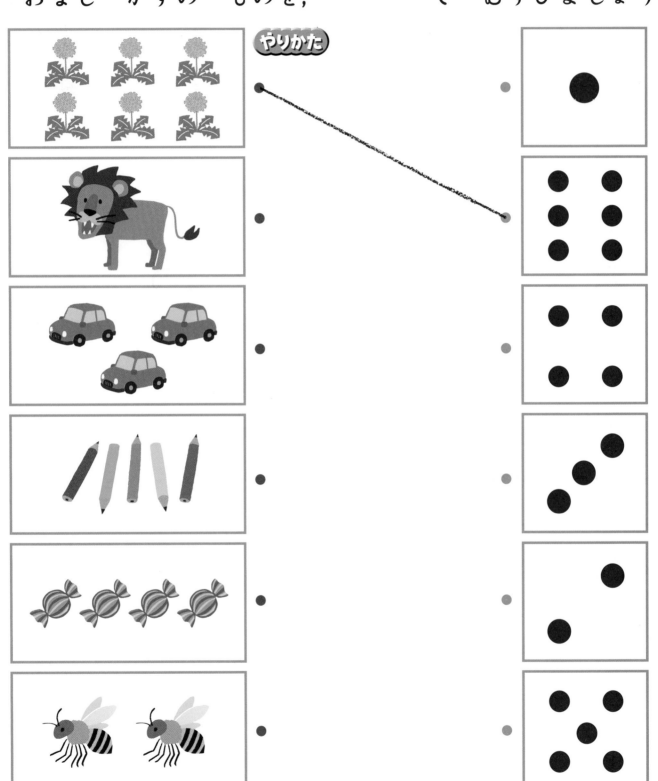

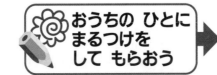

おうちの ひとに まるつけを して もらおう

カレンダーの まるを ぬろう！

おうちのかた〜　こたえは64ページ
各場面の状況を把握し、適切なあいさつの言葉を選択できるかを確認します。

◆ （　）に あう あいさつの ことばを えらんで、シールを はりましょう。

◆ えの （？）に あう あいさつの ことばを えらんで、―で むすびましょう。

えの　かずだけ　〇を　ぬろう③

おうちのかたへ　こたえは65ページ
ちょうやありなどの数に対応する数だけ〇をぬりつぶすことで，10までの数の大きさを正しくとらえる練習をします。

◆　えと　おなじ　かずだけ　〇を　ぬりましょう。

(1) とり 〇〇〇〇〇 〇〇〇〇〇

(2) ちょう 〇〇〇〇〇 〇〇〇〇〇

(3) チューリップ 〇〇〇〇〇 〇〇〇〇〇

(4) あり 〇〇〇〇〇 〇〇〇〇〇

(5) おにぎり 〇〇〇〇〇 〇〇〇〇〇

(6) ハンバーガー 〇〇〇〇〇 〇〇〇〇〇

おうちの ひとに まるつけを して もらおう

いちにち ぶん おわり！

カレンダーの まるを ぬろう！

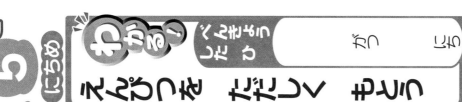

◆ ただしい えんぴつの もちかたは どれでしょう。□に ○を つけましょう。(みぎての とき)

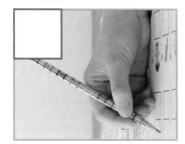 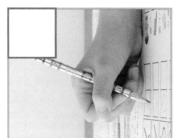 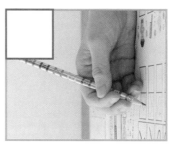

◆ みちの まんなかを とおり、🦀 を せんで むすびましょう。

えんぴつを とめよう。

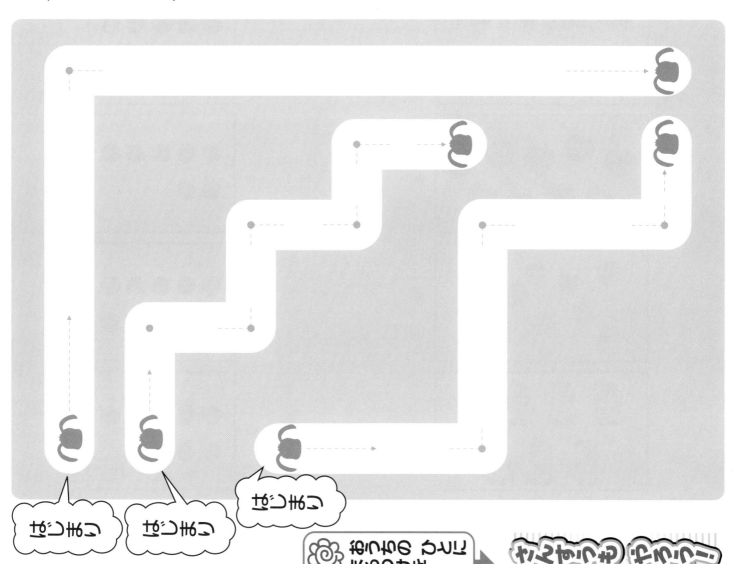

はじまり はじまり はじまり

でき**る！**

おなじ　かずは　どれかな？②

◆　おなじ　かずの　ものを，●—●で　むすびましょう。

せん

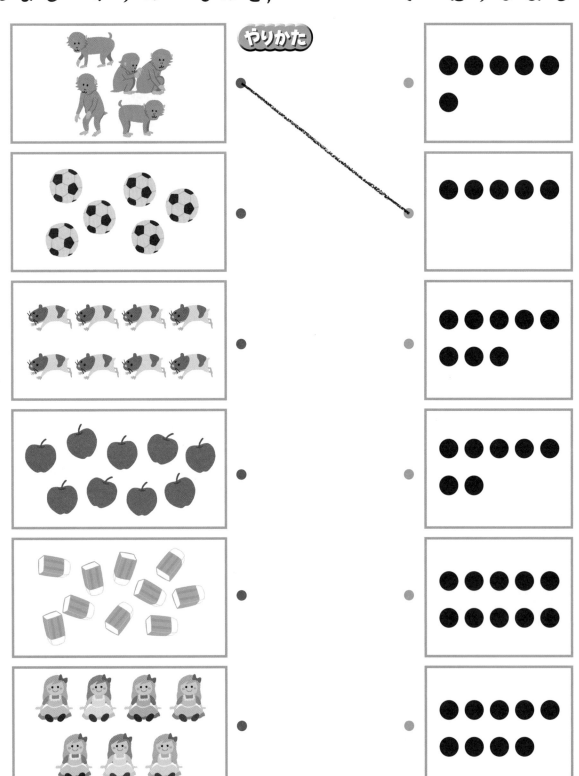

やりかた

おうちの ひとに
まるつけを
して もらおう

いちにち ぶん

おわり！

カレンダーの
まるを　ぬろう！

さんすう 6にちめ

 べんきょうした ひ　がつ　にち

1から　10までの　かず①

おうちのかたへ　こたえは65ページ

1〜10までの数について，その数が表す大きさや数字の読み方・書き方を学習します。

◆　かずを　こえに　だして　よみましょう。
　うすい　すうじは　なぞりましょう。

よみかた	かきかた		よみかた	かきかた
いち 1		ろく 6	

　こえに　だして，よんで　みよう！

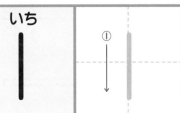

に 2

しち 7

さん 3はち 8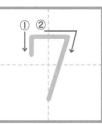

し 4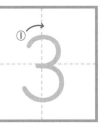く 9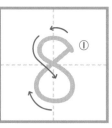

ご 5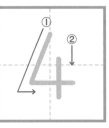じゅう 10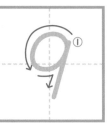

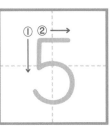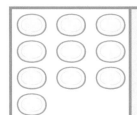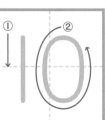

おうちの ひとに まるつけを して もらおう

いちにち ぶん おわり！ カレンダーの まるを ぬろう！

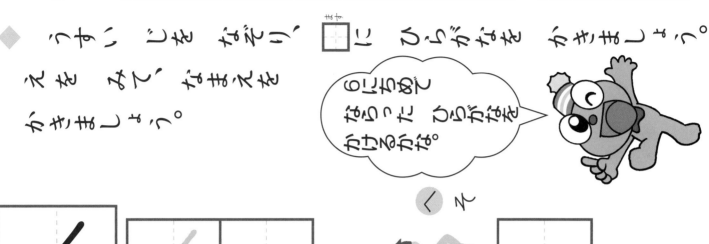

◆ うすい じを なぞり、□に ひらがなを かきましょう。
えを みて、なまえを かきましょう。

く

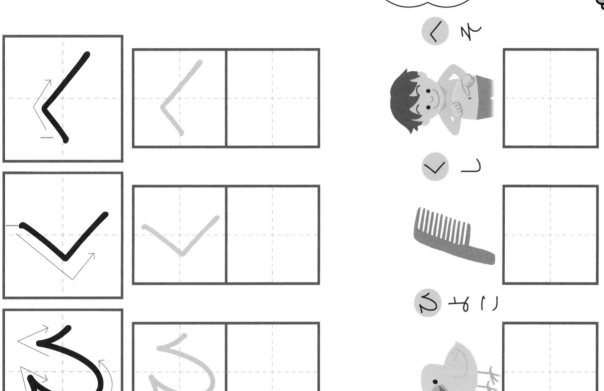

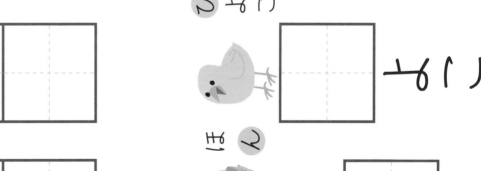

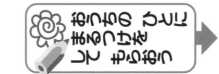

でき**る！**

べんきょう
した ひ　　　　　　がつ　　　　にち

おうちのかたへ　こたえは65ページ

数を正しく数えて，数の順に進みます。ケーキやあめなどのものの個数と数字を一致させる練習をします。

1から 10までの かず②

◆　かずを かぞえて 1から 10まで じゅんばんに
すすみましょう。□の なかに かずを かきましょう。

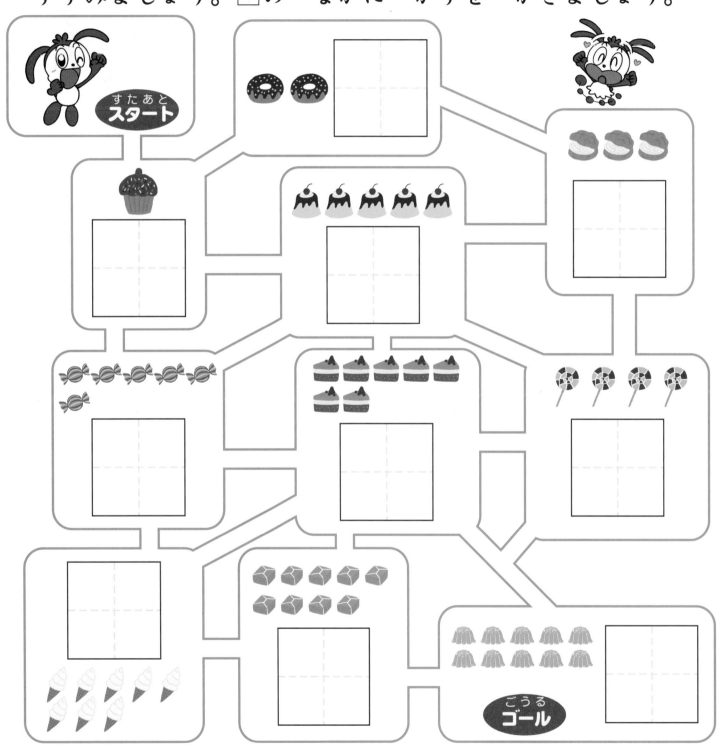

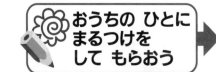

おうちの ひとに
まるつけを
して もらおう

カレンダーの
まるを ぬろう！

いちにち ぶん
おわり！

8にちめ

わかる！ ぐんぐん

まがる せんの れんしゅう

おうちのかた（こたえは64ページ）

まず、えんぴつを正しく持っているか確認しましょう。曲線の手の動きを練習することで、曲がる部分のあるひらがなをきれいに書けるようになります。

まず、
えんぴつの
もちかたを
たしかめよう。

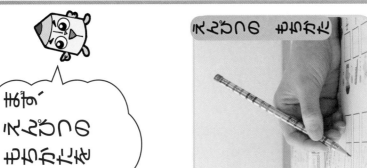

えんぴつの もちかた

（おきての とき）

ただしく もてたら
おうちの ひとに
はなまるを かいて もらおう。

◆ えの 　　に あたらないように ★から ●まで せんを かきましょう。

おうちのかたへ！
おわったら、ひくせんを
●から ★まで かいて
いけるか みて ください！

おうちの ひとに
まるを つけて もらおう

できたら つぎへ すすもう！

さんすう 8 にちめ

でき**る！**

べんきょうした ひ　　　　がつ　　　にち

いろいろな　おおきさで　かこう！

まがる ひらがなを かこう

おうちのかたへ こたえは64ページ
いろいろな曲線の練習をし、鉛筆の動かし方を習得してからひらがなを書きます。少しはみ出しても気にせず、まずは書いてみましょう。

◆ ─── の うえを ★ から ★ まで なぞりましょう。

うすい じを なぞり □ に ひらがなを かきましょう。

えを みて なまえを かこう!

つき

しか

のり

て

べんきょう
した ひ
　　　　　がつ　　　　にち

おうちのかたへ　こたえは65ページ
お子さまが書きまちがえやすい数字を、正しいものを選ぶ練習をすることて、その特徴をつかみ、まちがえないようにします。

ただしい すうじは どっち？

◆ 　ただしい　すうじは　どちらでしょう。
　ただしい　ほうの　うすい　すうじを　なぞりましょう。

さん
ε 3

しち
7 Γ

ろく
6 δ

に
2 2

く
P 9

はち
8 ∞

おうちの ひとに
まるつけを
して もらおう

いちにち ぶん
おわり！

カレンダーの
まるを ぬろう！

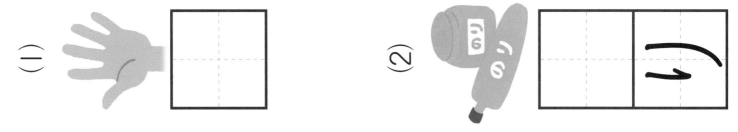

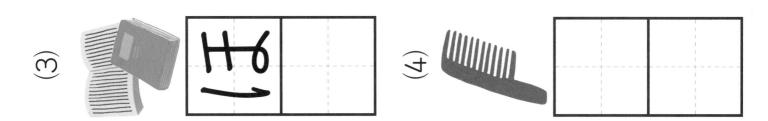

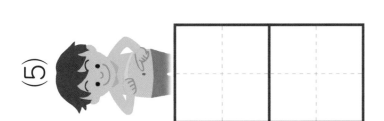

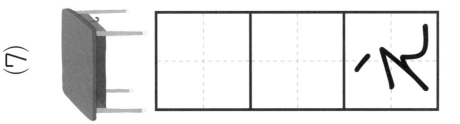

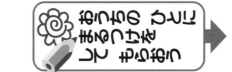

こたえは65ページ

まとめテスト①

べんきょう した ひ 　　　がつ　　にち　　　てん

1 おなじ　かずの　ものを，●─せん─● で　むすびましょう。

（ひとつ　20てん）

●　　　　　　　　　●　　　　　　　　　●

●　　　　　　　　　●　　　　　　　　　●

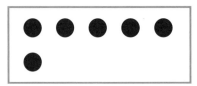

2 □の　なかと　おなじ　すうじを，□に　おおきく

かきましょう。

（ひとつ　20てん）

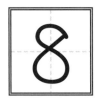

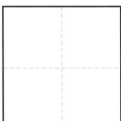

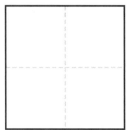

おおきく
かいてね。

おうちの ひとに
まるつけを
して もらおう

いちにち ぶん
おわり！

カレンダーに
まるを かこう！

にて いる ひらがなに きを つけよう

◆ えの なまえ だだしい ほうを ◯（ ）で かこみながら ゴールまで すすみましょう。

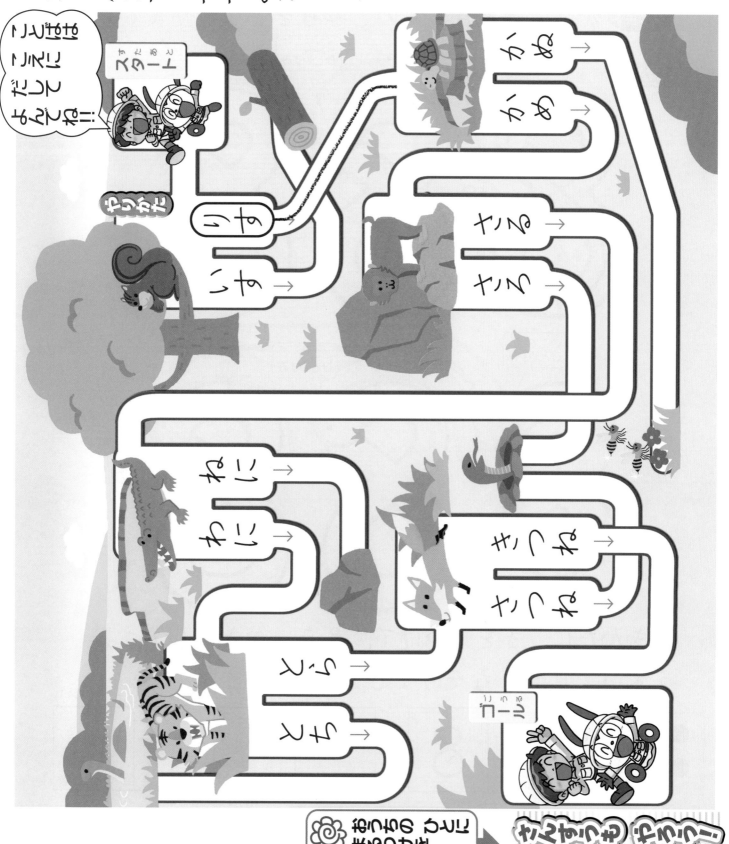

できる！

べんきょう した ひ　　がつ　　にち

8の じ めいろ

おうちのかたへ　こたえは67ページ
お子さまの書きまちがいが起こりやすい「8」を，楽しく迷路をたどりながら正しく書けるように練習します。

◆ 8の かきかたを れんしゅうしましょう。

スタートから ゴールまでの みちを なぞりましょう。

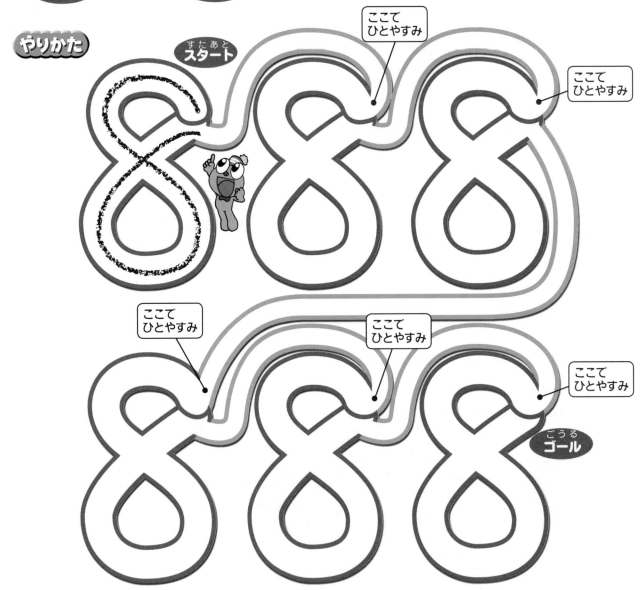

◆ かきかたに きを つけて，8を かきましょう。

うすい じは なぞりましょう。

○を ふたつ かくのは まちがいだよ。

おうちの ひとに まるつけを して もらおう

カレンダーの まるを ぬろう！

おわり！

24

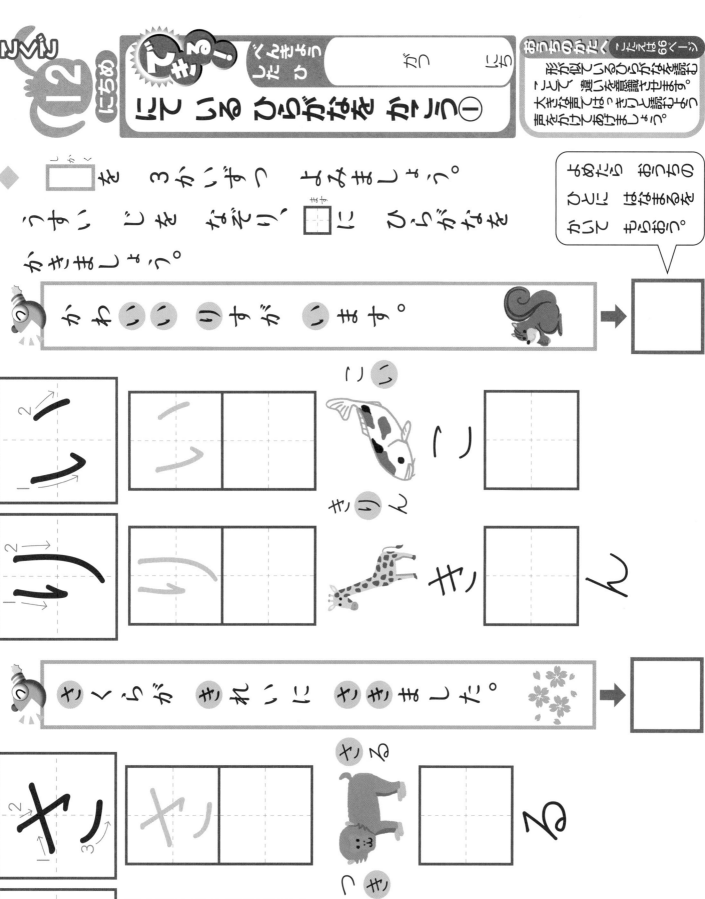

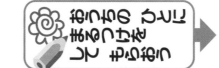

わかる！ おなじ かずの ものは どれ？①

べんきょう した ひ　　がつ　　にち

おうちのかたへ こたえは67ページ

ケーキやあめなどのものの数と●の数，そして数字を正しく結びつける練習をします。

◆ うすい すうじを なぞりましょう。
おなじ かずの ものを， ●━━● で むすびましょう。

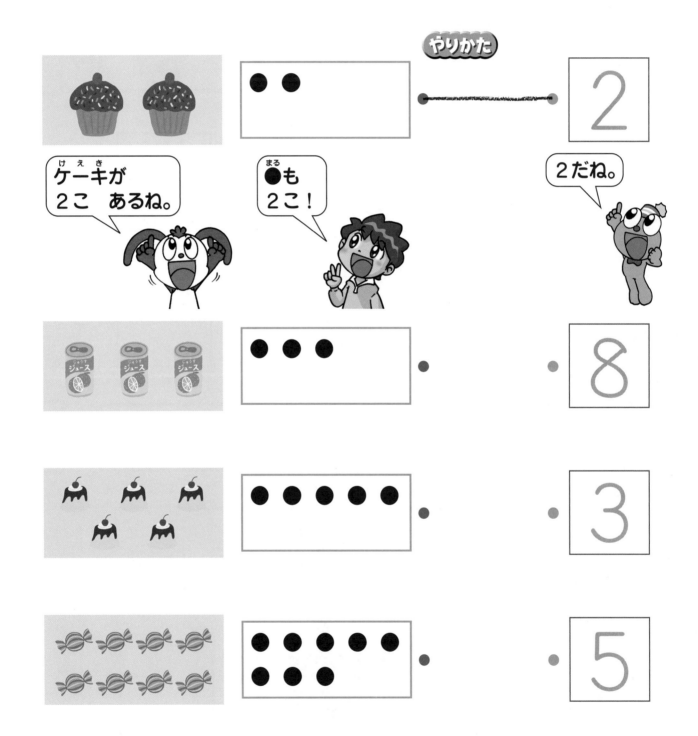

おうちの ひとに まるつけを して もらおう

いちにち ぶん おわり！ カレンダーの まるを ぬろう！

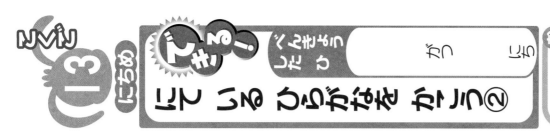

にて いる ひらがなを かこう②

べんきょうした ひ　　がつ　　にち

おうちのかたへ　りたいせつは66ページ

形が似ているひらがなを声に出して読むように、字形の違いを意識できるようになります。

◆ □を 3かい よみましょう。うすい じを なぞり、□に ひらがなを かきましょう。

よめたら おうちの ひとに はなまるを かいて もらおう。

くろい ちから すと ちいさい さる

  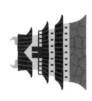 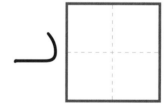

   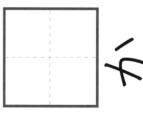

おうちの ひとへ

おわったら、□を せいかいに まちがえないように こい て もらおう！

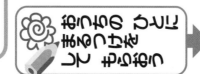

でき る！

べんきょう した ひ　　　　　がつ　　　　にち

9の じ めいろ

おうちのかたへ　こたえは67ページ
お子さまの書きまちがいが起こりやすい「9」を, 楽しく迷路をたどりながら手の動きを身につけ, 正しく書けるように練習します。

◆ スタート から ゴール までの みちを なぞりましょう。

◆ かきかたに きを つけて, 9を かきましょう。

うすい じは なぞりましょう。

おうちの ひとに まるつけを して もらおう

いちにち ぶん おわり！
カレンダーの まるを ぬろう！

にて いる ひらがなを かこう③

◆ ○から みえて いる ひらがなは どれでしょう。せんで むすびましょう。

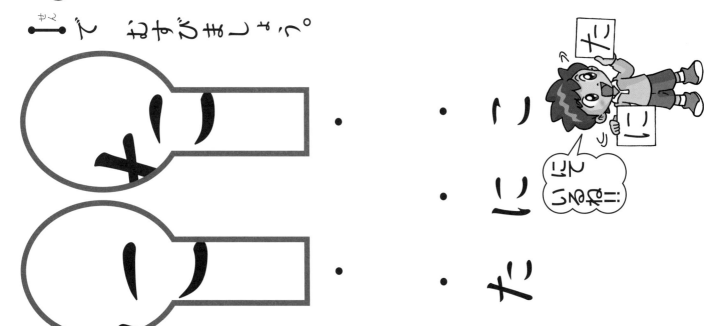

・　　　・こ

・　　　・に

・　　　・た

にて いるが…

◆ うすい じを なぞり、□に ひらがなを かきましょう。

た い

に

わ い

わ

ね い

ね

さんすう 14にちめ

でき る！ べんきょうした ひ　　がつ　　にち

かずを かぞえて すうじで かこう！①

おうちのかたへ こたえは67ページ

数を数えて数字と結びつけることで数字が表す数の大きさの理解を深めます。

◆ うすい すうじを なぞりましょう。
　おなじ かずの ものを, ●——● せん で むすびましょう。

  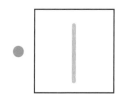

 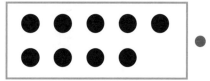 

もっと やって みよう！
きみの うちに ある けしゴムの かずを,
すうじで かいて みよう。

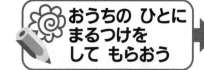

おうちの ひとに まるつけを して もらおう

いちにち ぶん おわり！ カレンダーの まるを ぬろう！

30

にている ひらがなを かこう④

おうちのかたく こたえは66ページ

形が似ているひらがなの学習をします。書き順を同じで混同しやすいので、違う部分を意識させて書かせましょう。

◆ ○ から みえて いる ひらがなは どれでしょう。せんで むすびましょう。

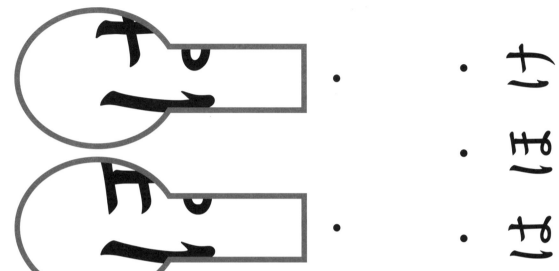

・　　　・　け

・　　　・　ほ　は

◆ うすい じを なぞり、□に ひらがなを かきましょう。

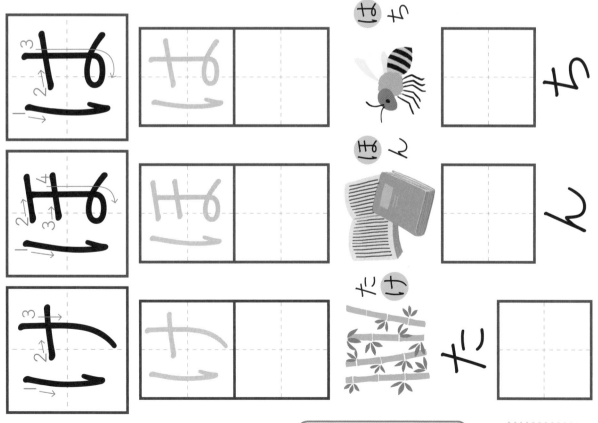

はち

ほん

たけ

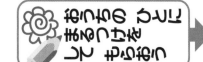

おうちの ひとに まるつけを してもらおう

たんとうやまを チェック！

33

でき る！

おうちのかたへ　こたえは67ページ
ペンのような具体物を見ても，
●のような抽象物を見ても，
数を数えて数字と結びつける
ことができるような練習をし
ます。

かずを かぞえて すうじで かこう！②

◆　うすい　すうじを　なぞりましょう。
　　おなじ　かずの　ものを，●━━せん━━● で　むすびましょう。

	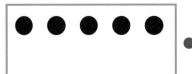	

	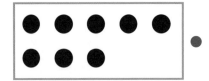	

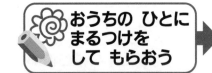

おうちの ひとに
まるつけを
して もらおう

いちにち ぶん
おわり！

カレンダーの
まるを ぬろう！

くんれん　した ひ　　　　　　　　　　　　　　がつ　　　にち

にて いる ひらがなを かこう⑤

おうちのかたへ（たしかめは 66ページ）

形が 似ている ひらがなの学習をします。書き順を意識させながら ていねいに書かせるようにしましょう。

◆ あ の じの ところだけを ぬりましょう。

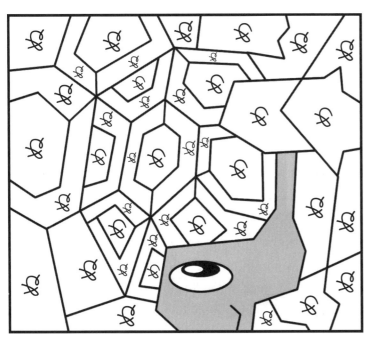

なんの えが
でて きたかな？

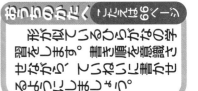

◆ うすいじを なぞり、□に ひらがなを かきましょう。

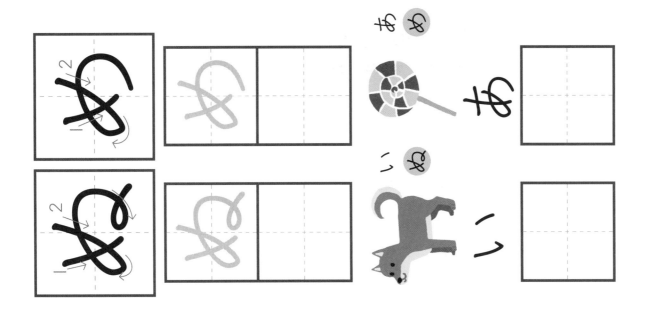

おうちの ひとに
まるつけを して もらおう → がんばり ぞうさん！

さんすう 16にちめ

でき る！

べんきょうした ひ　　　がつ　　　にち

かずの　めいろ

おうちのかたへ　こたえは67ページ
●の数が表す数字のほうに進む迷路で，楽しみながら●の数と数字を一致させる練習をします。

◆　●の　かずを　かぞえて，ただしい　▶の　ほうに　すすみましょう。

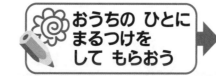
おうちの ひとに まるつけを して もらおう

カレンダーの まるを ぬろう！

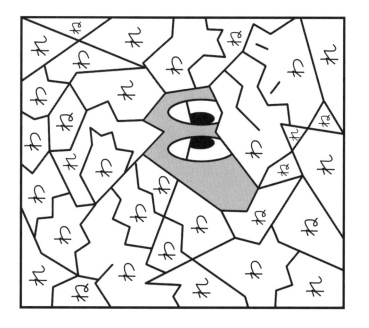

◆ わ の じ の ところだけを ぬりましょう。

「わ」の じの ところだけを ぬめてね!

◆ うすい じを なぞり、□に ひらがなを かきましょう。

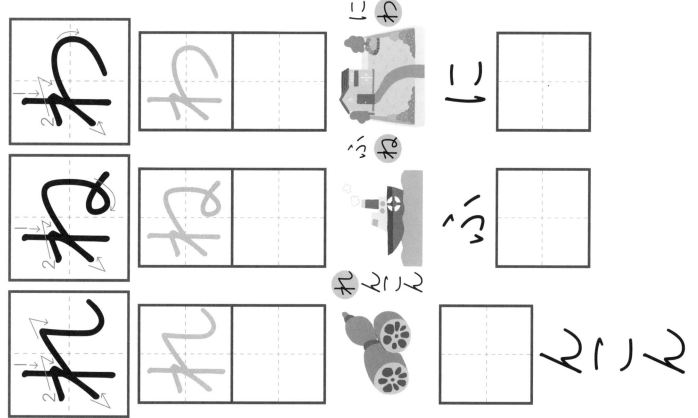

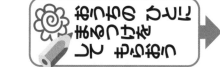

35

でき る！

べんきょう
した ひ

がつ　　　　にち

おなじ　かずの　ものは　どれ？②

おうちのかたへ　こたえは67ページ

数字で表された数と同じ数の
具体物や抽象物を結びつける
ことで，数の大きさをとらえ
る感覚を伸ばします。

1 おなじ　かずの　ものを，●─せん─●で　むすびましょう。

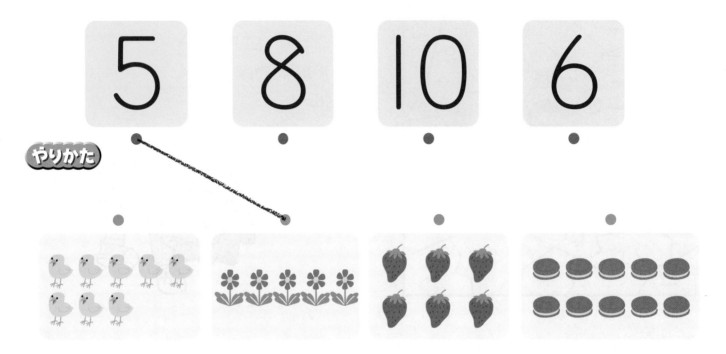

やりかた

2 □の　かずだけ　○を　ぬりましょう。

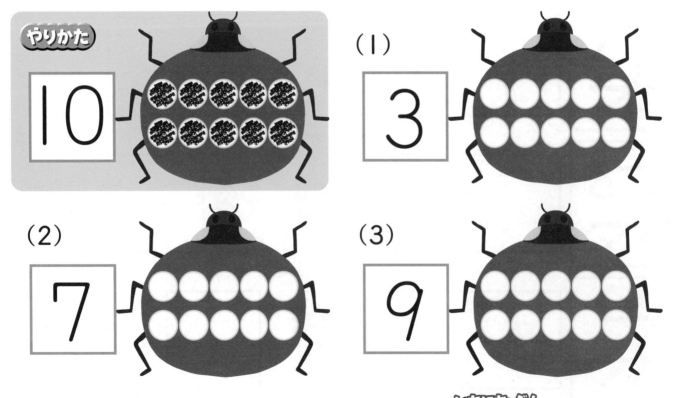

やりかた

10

(1) 3

(2) 7

(3) 9

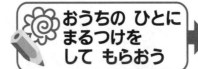
おうちの ひとに
まるつけを
して もらおう

いちにち ぶん
カレンダーの
まるを ぬろう！
おわり！

わかる！

くぎょう てんを

が　にち

てんを ただしく かこう

おうちのかた（こたえは66ページ）

点を書く位置を確認し、正しい字形を意識します。バランスのよい字を書くことにつなげていきます。

◆ 「゛」は どこに つければ よいでしょう。ただしい 「゛」を かきましょう。

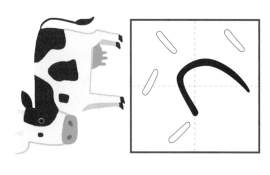
し

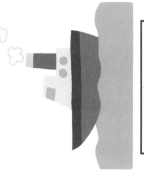 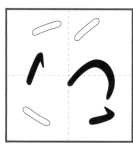
ね

 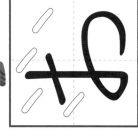
に

 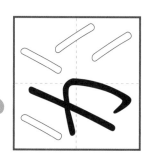
さ

 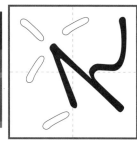
き

できる！

おうちのかたへ こたえは67ページ
数字を見てその量を表し，さらに，はさみなどの具体物の数と結びつけることで，数の表す大きさを確実にとらえられるようにします。

べんきょう
した ひ　　　　がつ　　　　にち

おなじ かずの ものは どれ？③

◆ すうじを みて，□の なかに ○を かきましょう。
かけたら，おなじ かずの ものを ●——● で むすびましょう。

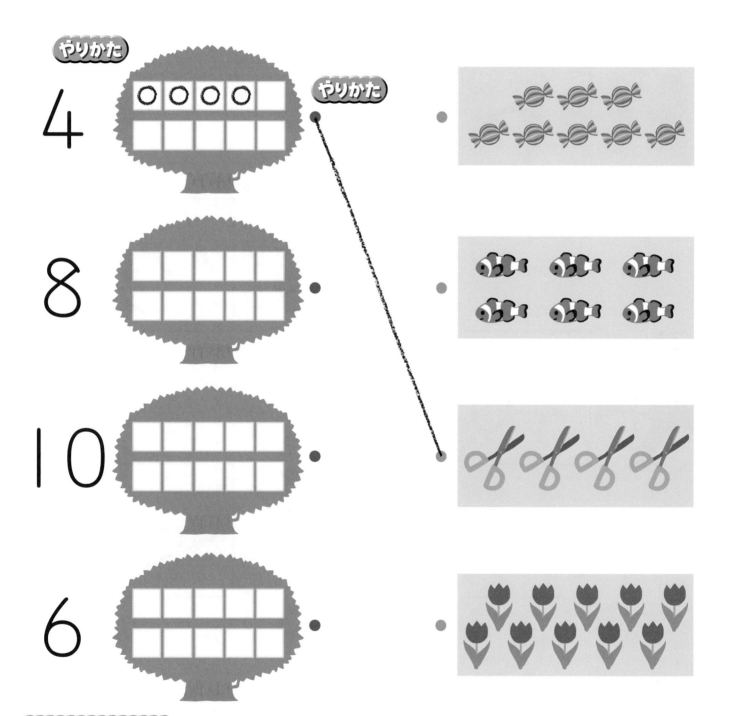

やりかた

4

8

10

6

やりかた

もっと やって みよう！
おうちに ある かずが，「4」の ものを さがして みよう！

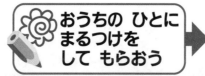
おうちの ひとに まるつけを して もらおう

いちにち ぶん
カレンダーの まるを ぬろう！
おわり！

できた！ 月 日

てんの ある ひらがなを かこう

おうちのかた こたえは 66ページ
点のあるひらがなを書く練習をします。小さな「゛」は、お手本にわかりやすいように「ヽ」を、点と書くようにします。

◆ うすい じを なぞり、□に ひらがなを かきましょう。
えを みて なまえを かきましょう。

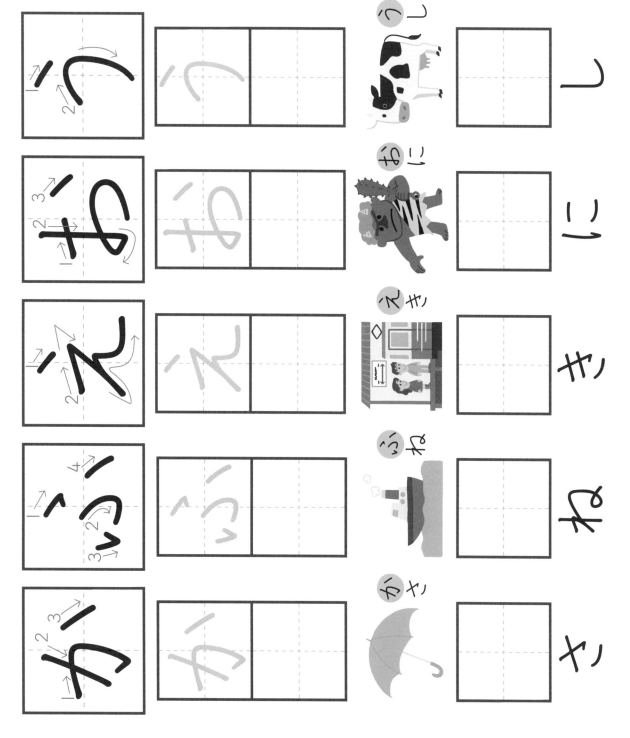

		うし	
し			し
じ		おに	に
え		えき	き
ぶ		ふね	ね
が		かさ	さ

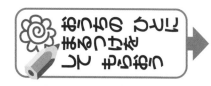

でき**る**！
れい
0を かいて みよう！

べんきょう
した ひ
　　　がつ　　　にち

おうちのかたへ　こたえは67ページ

お子さまの書きまちがいが起こりやすい「0」を正しく書けるようにします。

れい
「0」は,
「ひとつも ない こと」を
あらわす かずだよ。

 2　 1　 0

◆　うすい ところを なぞって, まがった
　せんを かく れんしゅうを しましょう。

0は うえから
かこう！

だれかの かおが
でて くるよ。

◆　0を かきましょう。うすい じは なぞりましょう。

おうちの ひとに
まるつけを
して もらおう

いちにち ぶん
おわり！
カレンダーの
まるを ぬろう！

テストれんしゅう②

じかん とくてん

1 え の なまえを、□に かきましょう。

(2もん てん)

(1)
す
す

(2)
し
し

(3)
こ
こ

(4)
や
ぶ

(5)
ご
ご

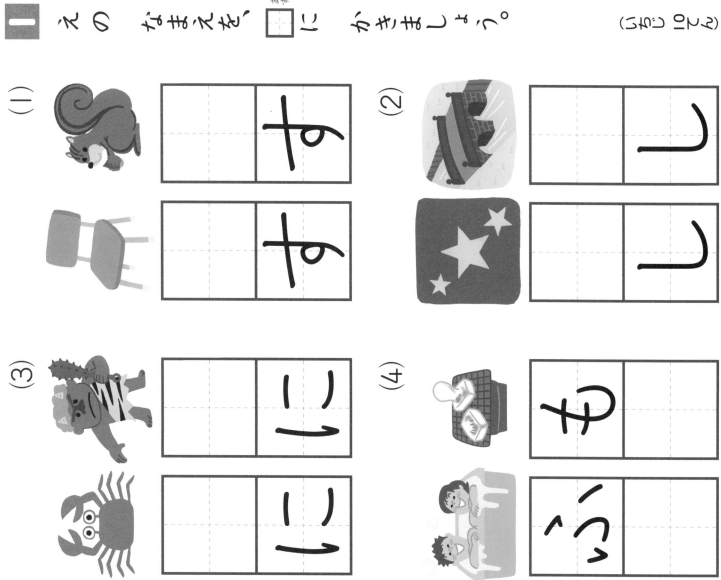

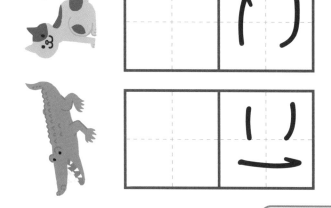

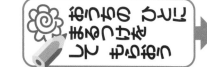

1 □の なかに すうじを かきましょう。

（1）　　　　　　　　　　　（2）　　　　（ひとつの すうじ 20てん）

9　　　　　　　　8

2 うすい すうじは なぞりましょう。えの かずだけ □の なかに ○を かきましょう。○の かずと おなじ かずを，●——● で むすびましょう。

（ひとつ 20てん）

7　　　5　　　3

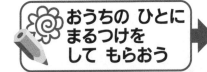 おうちの ひとに まるつけを して もらおう

 いちにち ぶん おわり！ カレンダーに まるを かこう！

42

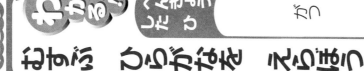

はじめ （21）にちめ

わかる くんきゅう したり

むすぶ ひらがなを えらぼう

おうちのかたく（こたえは68ページ）

「結び」のあるひらがなの字を練習します。これらの文字は左右が反転する「鏡文字」になりやすい字です。結ぶ方向を意識させましょう。

◆ ただしい ひらがなだけを とおって スタートから ゴールまで すすみましょう。

さがす ひらがなは だよ。

すなむよま

スタート →

む	や	と	ま	よ
ま	す	な	な	は
よ	と	よ	な	な
ま	と	は	ま	よ
と	よ	す	む	な
す	な	は	と	ま
ま	よ	す	と	ま
む	と	な	ま	む

ゴール ↓

かんがえよう!

まちがえて いる じは どこが ちがうのかな。おうちの ひとに おしえて あげよう。

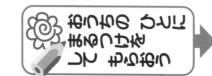

おうちの ひとに まちがいを せつめいできたら シールを はろう

43

わかる！

とけいを　つくろう①

おうちのかたへ　こたえは69ページ
時計の絵に数字を書き入れることで，時計は右回りに数字が並んでいることに気づかせます。

◆　とけいには　ながい　はりと，みじかい　はりが

あります。

　1・2・3・4・5・6・7・8・9・10・11・12の

すうじも　あります。

　うすい　すうじを　なぞって，とけいを　つくりましょう。

11・12と
よむよ。

ながい
はり

みじかい
はり

おうちの ひとに
まるつけを
して もらおう

いちにち ぶん
おわり！

カレンダーの
まるを　ぬろう！

きほん② まとめ!

くりかえし かいて たしかめ

が　に　ち

むすぶ ひらがなを かこう

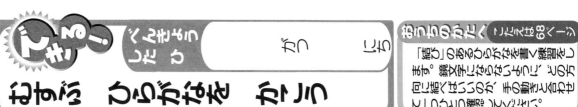

おうちのかた　りようさい 68ページ

「結び」のあるひらがなを書く練習をします。読み文字にならないように、どちらの向に結ぶはらいのか、手の動きを含わせにつらと確認してください。

◆ うすい じを なぞり、□に ひらがなを かきましょう。えを みて なまえを かきましょう。

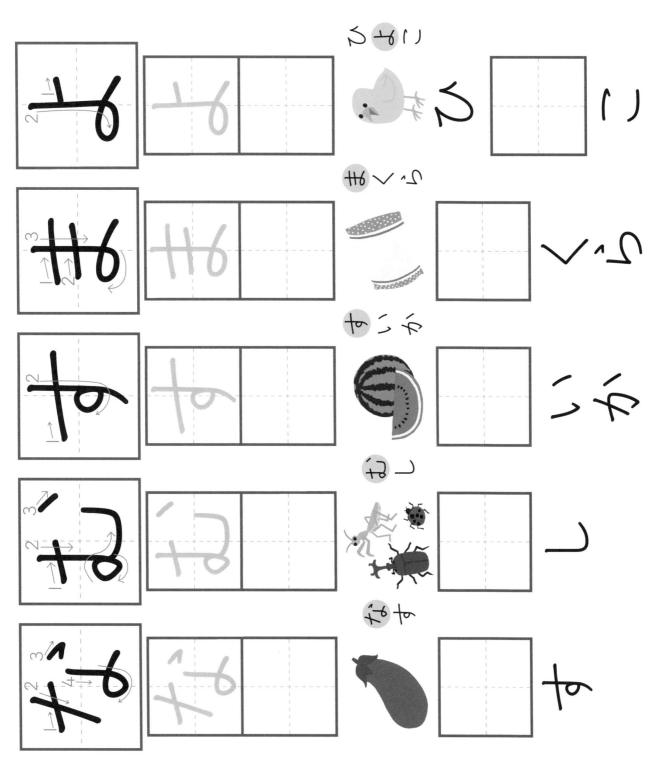

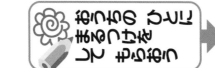

できる！

べんきょう
した ひ　　　　　　　がつ　　　　　にち

ただしい とけいは どれ？

おうちのかたへ　こたえは69ページ
数字の並び方に着目して6つの時計を見ることで，時計の数字の並び方のきまりに気づかせます。

◆ ただしく すうじが かいて ある とけいは どれでしょう。
2つ みつけて （かっこ）に ○を かきましょう。

（　　　）

（　　　）

（　　　）

（　　　）

（　　　）

（　　　）

すうじの
ならびかたに
きを つけよう。

おうちの ひとに
まるつけを
して もらおう

いちにち ぶん
おわり！

カレンダーの
まるを ぬろう！

わかる! ただしい ひらがなを えらぼう

おうちのかた（こたえは68ページ）

◆ ばらばらに なった ひらがな が ただしい じに なるように ●を ——せんで むすびましょう。
できた ひらがなを ○で かこみましょう。

「こわれちゃった。」

「ゆっくり なぞりながら おぼえよう。」

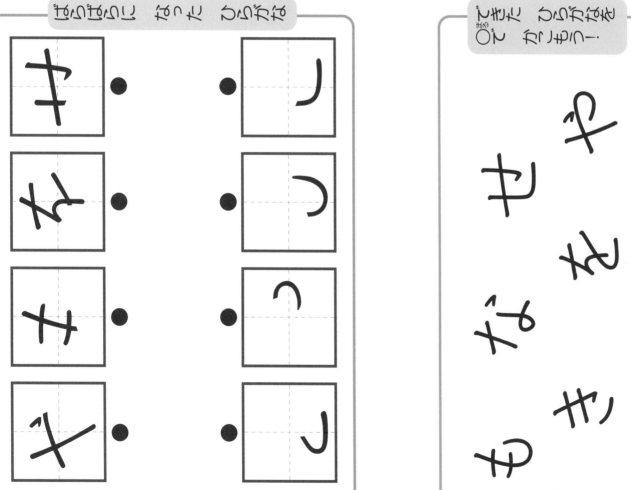

ばらばらに なった ひらがな

できた ひらがなを ○で かこもう！

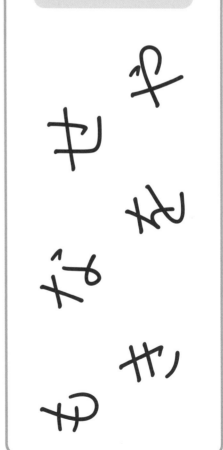

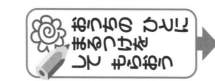

47

でき**る!**

べんきょう
した ひ 　　　 がつ 　　　 にち

なんじかな？①

おうちのかたへ　こたえは69ページ

長針が「12」を指しているときは「○時」，長針が「6」を指しているときは「○時半」と読む練習をします。

◆ とけいを よみましょう。

やりかた

ながい はりは
12に あるよ。
みじかい はりで
「なんじ」が わかるよ。

8 じ

ながい はりが
6の ときは，
「はん」だよ。

8じ	はん

(1)

	じ

(2)  おいしい!!

	じ	

(3)  トルテ
ただいま!

	じ	

(4)

	じ

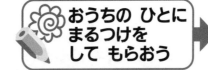

おうちの ひとに
まるつけを
して もらおう

いちにち ぶん
おわり!

カレンダーの
まるを ぬろう!

むずかしい ひらがなを かこう①

おうちのかた〜 (こたえは68ページ)
ほそく・はねる ぶぶんに ちゅういして かくよう しどうして ください。

◆ うすい じを なぞり、□に ひらがなを かきましょう。えに あう ひらがなを かきましょう。

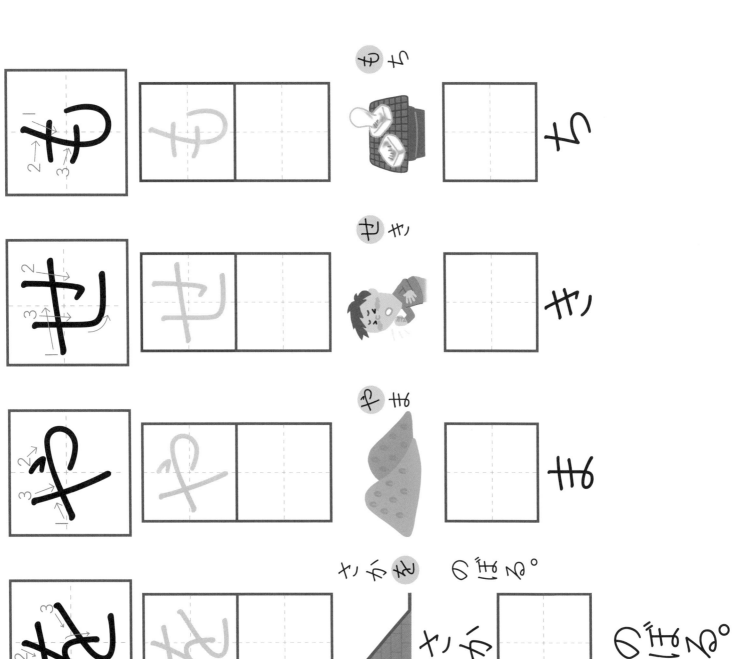

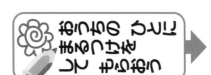

とけいを　つくろう②

おうちのかたへ　こたえは69ページ
問題の時刻（○時）になるように時計シールをはることで，時計の読み方のきまりに慣れます。

◆　とけいが　できあがるように，
□に　とけいシール①を　はりましょう。

6　じ

3　じ

5　じ

もっと やって みよう！

じぶんで
とけいの　えを
かいて　みよう。
ただしく
かけるかな？

じ

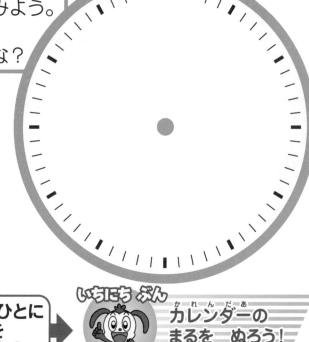

おうちの ひとに
まるつけを
して もらおう

いちにち ぶん
おわり！

カレンダーの
まるを　ぬろう！

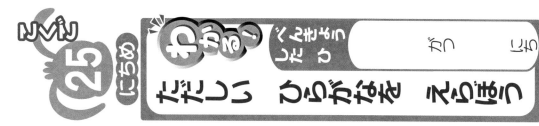

ぷりんと 25にちめ　かがみもじ　ただしい ひらがなを えらぼう

おうちのかた（こたえは 68ページ）

書き順が難しく、形をとりにくいひらがなをとりあげています。鏡文字になりやすいので、形を意識することが大切です。

◆ えのしかく と したのしかく では どちらが ただしいでしょう。ただしい ほうを ○で かこみましょう。

(1)

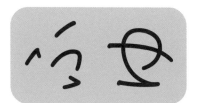
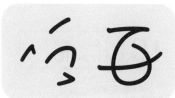

(2)

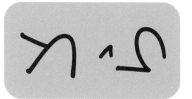
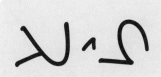

(3)

(4)

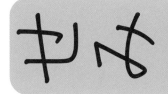
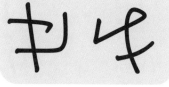

まちがえて しまった [しかく]は、どこが ちがうのかな。おうちの ひとに せつめい あげよう。

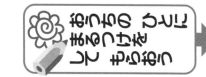

おうちの ひとに まるつけを して もらおう

51

べんきょう
した ひ
がつ　　　にち

とけいを　つくろう③

おうちのかたへ　こたえは69ページ
問題の時刻（○時半）になる
ように時計シールをはること
で，時計の読み方のきまりに
慣れます。

◆　とけいが　できあがるように，
□に　とけいシール②　を　はりましょう。

10じはん

4じはん

7じはん

ながい　はりが
6の　ときは
はん！

きみの　うちの
ばんごはんは
なんじ？

おうちの　ひとに
まるつけを
して　もらおう

いちにち ぶん
おわり！

カレンダーの
まるを　ぬろう！

チャレンジ!

やってみよう

なぞかしい ひらがなを かこう②

おうちのかたく こたえは68ページ

線が交差する部分が 曲がる 部分などに注意しながら 書かせてください。

◆ うすい じを なぞり、□ に ひらがなを かきましょう。

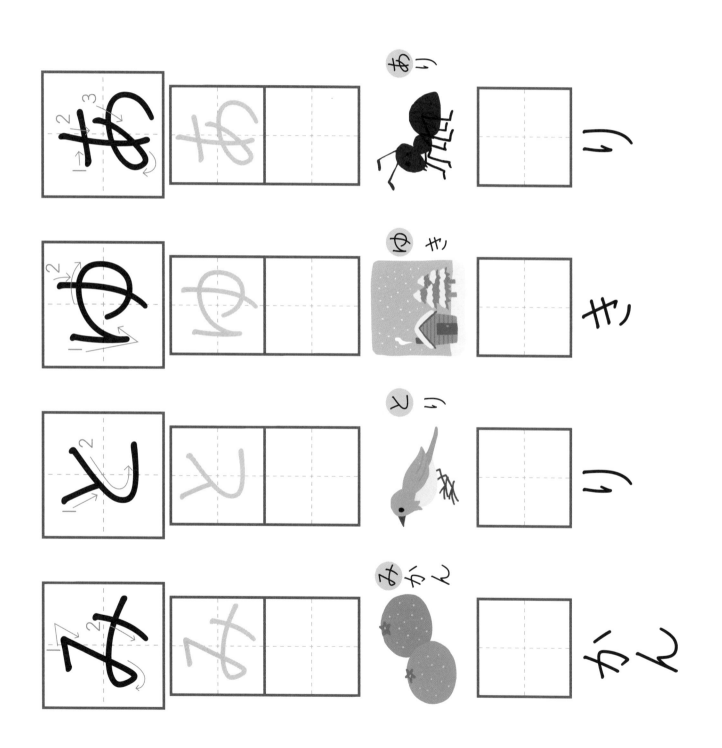

り

き

り

かん

でき**る**！

べんきょう
した ひ
がつ にち

とけいの はりは どこ？

おうちのかたへ こたえは69ページ
○時・○時半が混在していても，問題の時刻になるように時計の針シールをはる練習をします。

◆ じかんに あわせて、とけいのはりシール を
はりましょう。

3 じだよ。

7 じだよ。

8 じはんだよ。

4 じはんだよ。

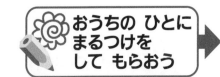

おうちの ひとに
まるつけを
して もらおう

いちにち ぶん
おわり！

カレンダーの
まるを ぬろう！

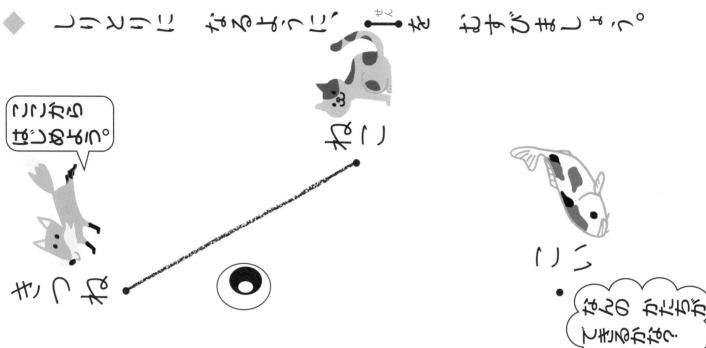

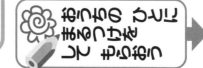

できる！

なんじかな？②

べんきょう
した ひ　　　　　　がつ　　　　にち

おうちのかたへ　こたえは69ページ

○時・○時半が混在していても，時計の長針・短針がどこにあるかで時刻を読む練習をします。

◆　とけいを みて，なんじかを □に かきましょう。
うすい じは なぞりましょう。

しかく

(1)

□ じ

(2)

7じ はん

(3)

4 じ □

なんじか
わかると
かっこいい！

(4)

□ じ

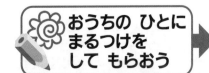

おうちの ひとに
まるつけを
して もらおう

いちにち ぶん
おわり！

カレンダーの
まるを ぬろう！

かれんだあ

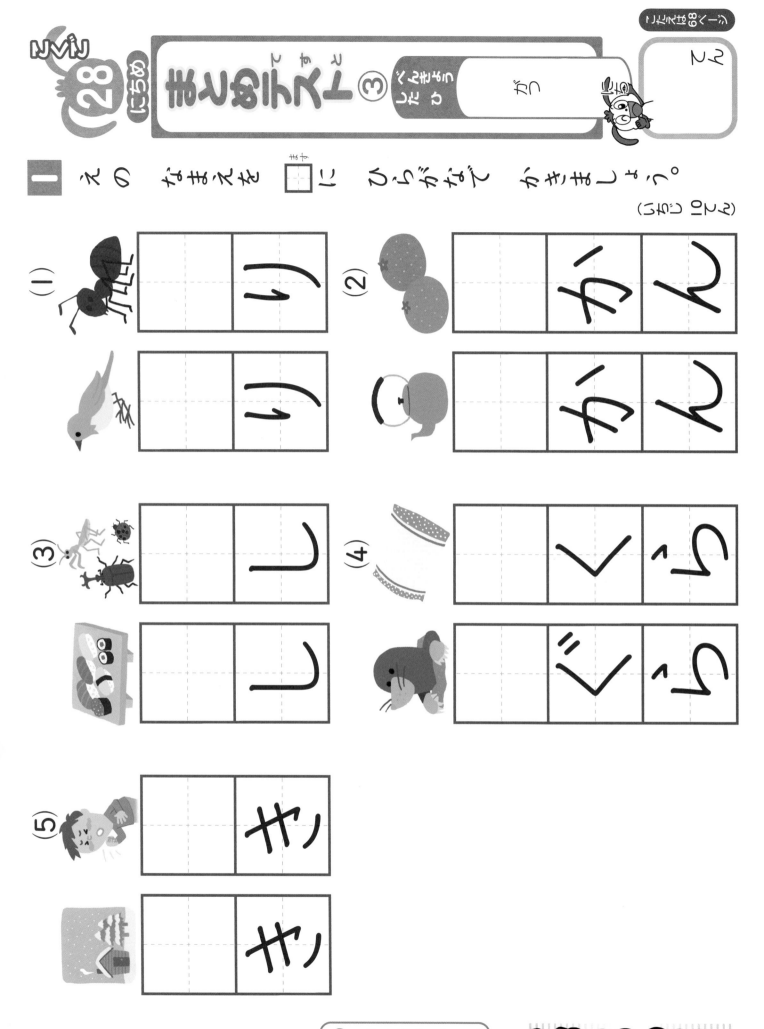

28 てんをつけよう③

くんれんちゅう

がつ

てん /2

① えの なまえを □に ひらがなで かきましょう。

（1つ 10てん）

(1) り / り

(2) かん / かん

(3) し / し

(4) くら / くら

(5) さん / さん

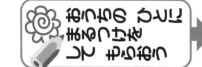

57

さんすう
28
にちめ

まとめテスト③

べんきょう
した ひ

こたえは69ページ

がつ　にち

てん

1 えに あう とけいを ●——● で むすびましょう。

((1)・(2)は 1もん 30てん, (3)は 40てん)

とけい

(1)

3じ

(2)

7じ

(3)

2じはん

 おうちの ひとに まるつけを して もらおう

 いちにち ぶん おわり！ カレンダーに まるを かこう！

一文字ふえる字

くみあわせ
もじ

がつ

こたえは68ページ

22

① えを みて、ならべかえ、その なまえを □に かきましょう。

（1つ 10てん）

(1)

し□

→

□□す

→

す□

(2)

□す

→

す□□

→

□□□

すいしー、すいしー。
あじ、ことばだよ。

おうちの ひとに みせて あわせて べんきょう して みよう

シールを はりましょう

59

1 おなじ　かずの　ものを，●——● で　むすびましょう。
せん
□に　すうじを　かきましょう。
しかく
（ひとつ　20てん）

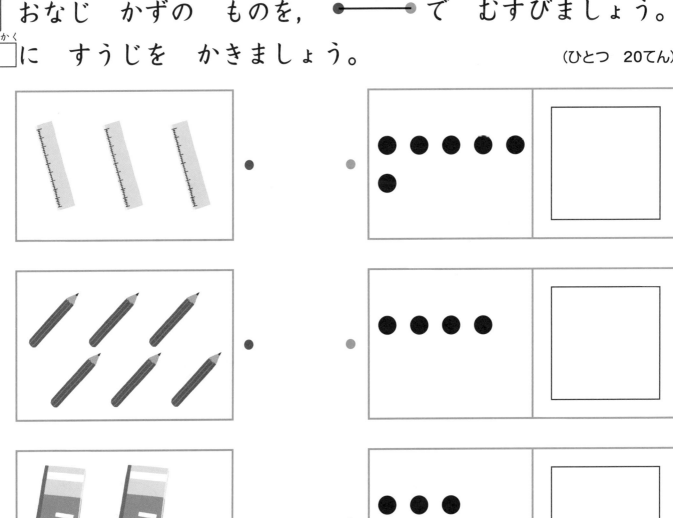

2 の　いって　いる　かずを，すうじで　□に
こらしょ　　　　　　　　　　　　　　　　　　　　　　　　　　しかく
かきましょう。
（ひとつ　20てん）

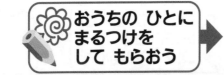　ご

　じゅう

おうちの　ひとに
まるつけを
して　もらおう

いちにち ぶん
あと　すこしだよ！
おわり！

60

1 え に あう なまえを □に ひらがなで かきましょう。
（1つ 5てん）

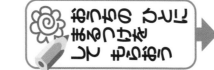

さんすう
30
にちめ

ばっちりテスト②

べんきょう
した ひ

こたえは69ページ

がつ　　にち　　てん

1 おなじ　かずの　ものを，●——●で　むすびましょう。

（ひとつ　20てん）

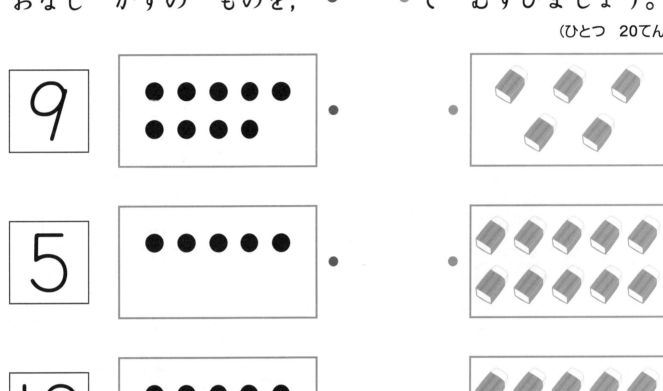

9

5

10

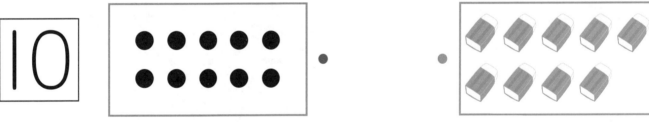

2 とけいを　みて，なんじか　こたえましょう。　（ひとつ　20てん）

じ

じはん

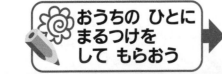

おうちの　ひとに
まるつけを
して　もらおう

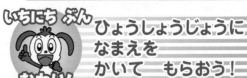

いちにち ぶん
おわり！

ひょうしょうじょうに
なまえを
かいて　もらおう！

こたえ

● おうちのかたへ ●

おうちのかたの「まる」はお子さまのやる気の源です。大きなまるで「勉強の楽しさ」を実感できるようにしてあげてください。下記を参考に、おうちのかたもまるつけを楽しみながらぜひ、お取り組みください。

いろいろなまるつけで、お子さまのやる気UP！

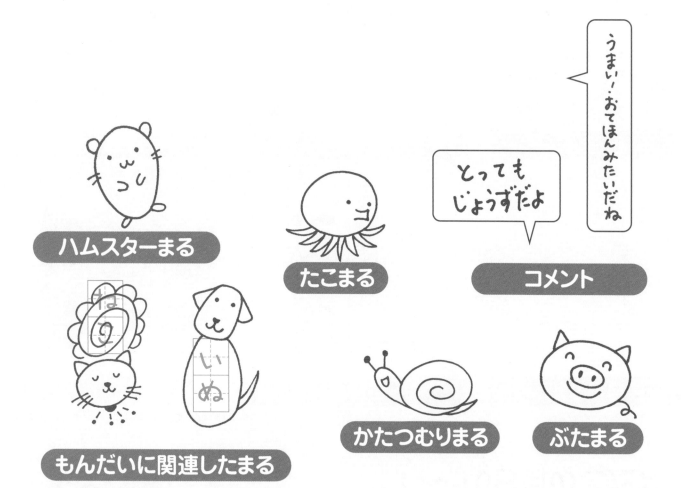

ハムスターまる

たこまる

コメント

うまい！おてほんみたいだね

とってもじょうずだよ

もんだいに関連したまる

かたつむりまる

ぶたまる

こくご

1〜10日目のこたえ

※答えは，省略しているところがあります。

1日目

2日目

なす → すな
みせ → せみ
にわ → わに
さか → かさ
さく → くさ

3日目

は し
く も
あ め
は な
た こ

4日目

5日目

●持ち方
一番上が正解

後半は省略
正しく線が書けていたら，
ほめてあげましょう。

6日目

省略

ひらがなを正しくなぞれてい
たら，ほめてあげましょう。

7日目

省略

線がふるえていないか確認し
てあげてください。

8日目

省略

模様にさわらず線を書けてい
たら，ほめてあげましょう。

9日目

省略

田の中で見本と同じ位置に書
けていたら，ほめてあげましょ
う。

10日目

(1) そ　(2) のり　(3) ほん　(4) くし

(5) へそ　(6) ひよこ　(7) つくえ

もっと やって みましょう！

鉛筆を動かす練習をたくさ
んさせましょう。色鉛筆で色
をぬったり，鉛筆で絵をかい
たりすることはとても効果的
です。

１日目

●の数

けしゴム　　4

ランドセル　2

ノート　　　5

２日目

●の数

(1) 4　　(2) 2

(3) 1　　(4) 5

(5) 3　　(6) 4

(7) 3　　(8) 5

３日目

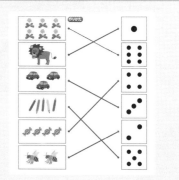

※１・２・４日目の●は，どれをぬっていても数が合っていれば正解です。

４日目

●の数

(1) 6　　(2) 7

(3) 5　　(4) 9

(5) 10　　(6) 8

５日目

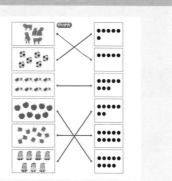

６日目

省略

正しい数の読み方ができていたら，ほめてあげましょう。

７日目

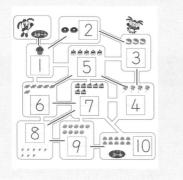

８日目

省略

正しい書き方で，形の整った数字が書けていたら，ほめてあげましょう。

９日目

１０日目

1

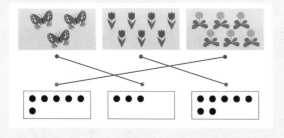

2 省略

形の整った数字が書けていたら，ほめてあげましょう。

もっと やって みましょう！

　身のまわりのものの数を数えて，その数の分だけ，〇をかく練習をどんどんするとよいでしょう。

こくご

11〜20日目のこたえ

11日目

12日目

省略

形の違いがはっきりわかるように書けていたら，ほめてあげましょう。

13日目

省略

形の違いがはっきりわかるように書けていたら，ほめてあげましょう。

14日目

た に こ

後半は省略

15日目

は ほ け

後半は省略

16日目

後半は省略

形の違いがはっきりわかるように書けていたら，ほめてあげましょう。

17日目

後半は省略

形の違いがはっきりわかるように書けていたら，ほめてあげましょう。

18日目

え き　お に　う し

か さ　ふ ね

19日目

省略

、の位置が正しく書けていたら，ほめてあげましょう。

20日目

(1) りす / いす　(2) はし / ほし　(3) おに / かに

(4) もち / ふろ　(5) ねぎ / わに

もっと やって みましょう！

ひらがなを正しく読めることが，正しく書けることにつながります。絵本などを読む際，簡単な言葉を読ませるなどして，意識的にひらがなにふれる機会を多くするとよいでしょう。

さんすう

11日目

省略

「8」の始点・終点が意識できていたら,ほめてあげましょう。

12日目

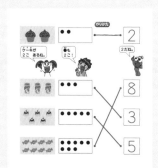

13日目

省略

「9」のまるい部分が,なめらかに書けているかを見てあげましょう。

14日目

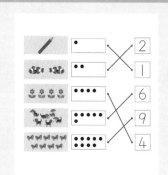

15日目

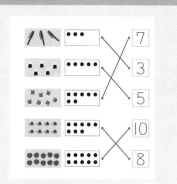

16日目

17日目

❶

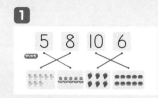

❷ ●の数

(1)3 (2)7 (3)9

※●は,どれをぬっていても数が合っていれば正解です。

18日目

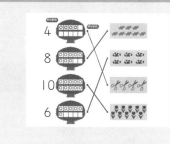

※○は,どの□にかいていても数が合っていれば正解です。

19日目

省略

「0」は "ひとつもない" ということがわかっていたら,ほめてあげましょう。

20日目

❶省略

❷

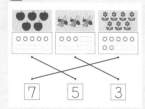

※○は,どの □ にかいていても数が合っていれば正解です。

もっと やって みましょう!

声に出して読みながら,数字を書く練習をさせましょう。読み方と書き方がセットで記憶できるようになります。

21～30日目のこたえ

21日目

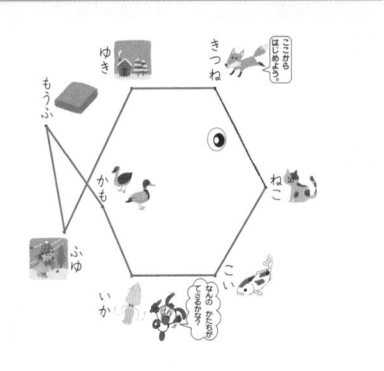

22日目

省略

丁寧な字でひらがなをなぞれていたら、ほめてあげましょう。

23日目

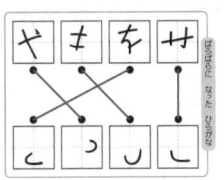

◆できたひらがな

も　せ
や　を

24日目

省略

書き順もまちがえずに書けていたら、ほめてあげましょう。

25日目

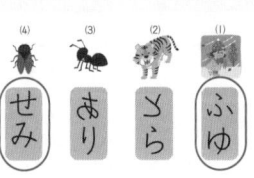

(4) せみ
(3) あり
(2) とら
(1) ふゆ

せや　あり　とら　ふめ

26日目

省略

曲がる部分を丁寧に書けていたら、ほめてあげましょう。

27日目

ゆき　きつね
もうふ
かも
ねこ
ふゆ
いか　こい

28日目

(1) あり
　　とり

(2) みかん
　　やかん

(3) むし
　　すし

(4) まくら
　　もぐら

(5) せき
　　ゆき

29日目

(1)
しか
からす
すな

(2)
なす
すいか
かえる

30日目

(1) ほん
(2) つくえ
(3) はさみ
(4) いす

もっと やって みましょう！

　ひらがなを単語で書かせるようにしましょう。自分やおうちの人の名前などを、お絵かきしたときにサインとして書かせるなどして、楽しんでひらがなを覚えていけるとよいですね。

21～30日目のこたえ

21日目

22日目

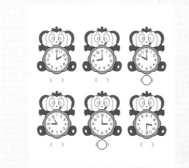

23日目

(1) 11 (じ)

(2) 12 (じ) はん

(3) 3 (じ) はん

(4) 7 (じ)

24日目

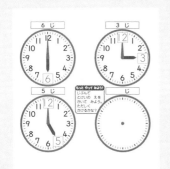

正しくとけいが作れていたらほめてください。

25日目

26日目

27日目

(1) 2 (じ)

(2) (7 じ) はん

(3) 4 (じ) はん

(4) 8 (じ)

28日目

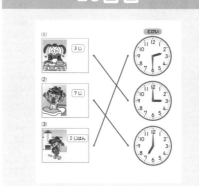

29日目

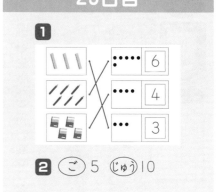

30日目

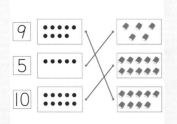 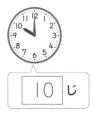

69

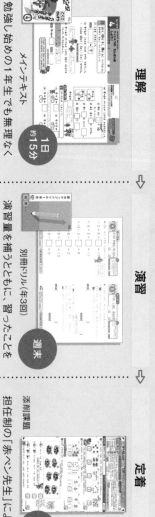